AF331340

MISSION SAINT-SIMONIENNE.

Les travaux de la Mission sont ordonnés de la manière suivante :

1° EXPOSITION GÉNÉRALE DE LA RELIGION SAINT-SIMONIENNE dans ses rapports pratiques, avec les sentimens et les intérêts de toutes les classes de la société.

2° ENSEIGNEMENT SPÉCIAL sur la partie dogmatique et scientifique de la DOCTRINE.

Les leçons porteront sur les points où le besoin d'éclaircissement se fait habituellement sentir et l'enseignement sera, autant que possible, approprié aux diverses facultés de l'Académie de Strasbourg.

3° CONFÉRENCES ET DISCUSSION sur tous les sujets traités dans les séances.

EXPOSITION GÉNÉRALE DE LA RELIGION SAINT-SIMONIENNE.

1re séance. (Jeudi 25 août.) INTRODUCTION.

2e séance. (Samedi 27.) BASES DE LA CONCEPTION SAINT-SIMONIENNE. Examen de l'état social des différens peuples de l'Europe et de la France en particulier.

3e séance. (Lundi 29.) LA POLITIQUE SAINT-SIMONIENNE. (A chacun suivant sa capacité.) Réponse aux objections.

4e séance. (Vendredi 2 septembre) *Le libéralisme.*

5e séance. (Lundi 5.) LA PROPRIÉTÉ d'après la loi Saint-Simonienne. (Rétribution suivant les œuvres). — Réponse aux objections.

6e séance. (Vendredi 9.) *L'industrie.*

7e séance. (Lundi 12.) LA RELIGION SAINT-SIMONIENNE. (Association universelle). Réponse aux objections.

8e séance. (Vendredi 16.) *Le christianisme.* (Catholicisme. — Protestantisme. — Digression sur le Judaïsme).

9e séance. (Mardi 20.) DÉSARMÉ GÉNÉRAL. Système de politique *intérieure* et *extérieure* à suivre pour arriver graduellement et sans secousse à la réalisation de la conception saint-simonienne.

Les séances *d'exposition* auront lieu aux jours fixés, à 6 heures précises du soir, hôtel de l'Esprit.

ENSEIGNEMENT SPÉCIAL.

1re séance. (Mardi 30 août.) LOI DU PROGRÈS.

2e séance. (Samedi 3 septembre.) LA FEMME. Harmonie de son organisation et de ses facultés avec le rôle qui lui est assigné dans la société saint-simonienne.

3e séance. (Mardi 6.) Opposition de la PHILOSOPHIE et de la RELIGION. — Conciliation. — (Faculté de théologie).

4e séance. (Samedi 10) Le DROIT. (Droit divin et souveraineté du peuple.) Le droit civil. — Le droit criminel. — La loi saint-simonienne. (Faculté de Droit.)

5e séance. (Mardi 13.) LA SCIENCE. Nouveau lien encyclopédique. — Application de la science aux institutions sociales et à tous les besoins de la vie. (Faculté de médecine et faculté des sciences).

6e séance. (Samedi 17.) LES BEAUX-ARTS. — Inspiration nouvelle de l'art. — Application des beaux-arts aux institutions sociales et à tous les besoins de la vie (Fac. des lettr.)

7e séance. (Lundi 19.) Rapport de la doctrine saint-simonienne avec divers systèmes *philosophiques* et *politiques.* (Newton. — Spinoza. — Schelling. — Hegel.) — (Platon et Th. Morus.) — (Les Jésuites au Paraguay. Les Moraves. — Rob. Owen.) — Réponse aux accusations de Plagiat.

Les séances *d'enseignement* auront lieu aux jours fixés à 3 heures et demie de l'après-midi, hôtel de l'Esprit.

CONFÉRENCES ET DISCUSSION.

Les *conférences* auront lieu pendant toute la durée de la mission, le jeudi et le dimanche à 3 heures précises, hôtel de l'Esprit.

La première *conférence* est fixée au jeudi 1er septembre.

AVIS. Les proportions du local ne permettant pas que les réunions soient publiques, les personnes qui désireront y assister devront se procurer des cartes d'entrée.

Les billets pour les séances *d'enseignement et de discussion* seront donnés à part.

S'adresser à l'hôtel de l'Esprit, le matin de 9 à 10 heures.

STRASBOURG, DE L'IMPRIMERIE DE Mme Ve SILBERMANN.

MISSION SAINT-SIMONIENNE.*

(*Profession de foi des Saint-Simoniens, adressée aux habitans de Rouen. Mai 1831.*)

POURQUOI NOUS VENONS. — CE QUE NOUS APPORTONS. — COMMENT NOUS PRÉTENDONS RÉUSSIR.

Nous avons foi que nos vues nouvelles sur les grandes questions sociales et religieuses résument tout ce que l'histoire du *passé* a produit de beau, de vrai et d'utile. Nous avons foi que ces vues nouvelles contiennent en germe l'*avenir* réservé aux sociétés humaines répandues sur toute la surface du globe. Nous avons foi qu'elles répondent aux besoins *présens* de la France, et il faudra dire bientôt de l'Europe.

Depuis trois siècles, l'Europe est dans une crise *religieuse* et *politique* dont elle ne sortira qu'au moment où des institutions nouvelles auront été substituées à ses institutions vieillies et ruinées.

La France est le centre de ce mouvement immense. La révolution française a commencé, dans la pratique, la destruction radicale du régime *catholique* et *féodal*, vulgairement appelé l'ANCIEN RÉGIME; mais cette *destruction radicale* de l'ancien régime est loin d'être achevée. L'assemblée constituante, la convention, l'empire, la restauration, la secousse de 1830, sont les phases diverses d'un même progrès qui se prépare et qui n'est point encore accompli.

Ce *progrès* sera la fondation d'un ORDRE SOCIAL NOUVEAU, qui aura pour but de donner à tous les hommes, sans exception, LE BONHEUR SUR LA TERRE; or, le bonheur pour l'homme consiste à trouver dans la société, dont il est membre, les moyens de développer et de perfectionner toutes ses facultés: c'est alors seulement qu'il jouit de la vraie LIBERTÉ.

La FÉODALITÉ, ou le système politique basé sur l'HÉRÉDITÉ des *titres*, des *rangs* et des RICHESSES, quelques modifications partielles qu'on lui fasse subir, ne peut suffire aux besoins actuels de l'humanité, parce que la féodalité consacre les priviléges de la *naissance*, et qu'elle établit le *despotisme de la force brutale*, l'EXPLOITATION des artistes, des savans et des industriels, par les NOBLES et les PROPRIÉTAIRES OISIFS.

Le CHRISTIANISME, sous toutes ses formes, c'est-à-dire le système religieux qui sépare le *temporel* du *spirituel*, qui enseigne que *la terre est une vallée de misère*, que *le royaume de Dieu n'est pas de*

* Pour renseignemens ou explications sur la doctrine, s'adresser au bureau du journal LE GLOBE, rue Monsigny, n° 6, à Paris.

ce monde, qu'il faut *sacrifier les intérêts de la vie présente à ceux de la vie future*, le christianisme, *sous toutes ses formes*, ne peut suffire aux besoins actuels de l'humanité :

Parce qu'il consacre, par le CATHOLICISME, le *despotisme de l'intelligence*; par le PROTESTANTISME, la *division de l'Église* et sa *subalternité temporelle*;

Parce que le christianisme ne s'occupe pas *directement* d'améliorer la condition *matérielle* des hommes sur la terre;

Parce que le christianisme s'appuie sur des *textes immobiles*;

Parce que toutes les grandes révolutions sociales aujourd'hui s'accomplissent *malgré* le catholicisme devenu l'allié de César, et *sans le secours* du protestantisme, qui s'abîme dans une stérile métaphysique, et s'épuise à commenter et à expliquer *la tradition* sans vues *d'avenir* et de *progrès social*.

Les attaques de la *philosophie critique* et du *libéralisme* ne sont point parvenues à renverser le *christianisme* et la *féodalité* : car tous les *moyens d'ordre* qui subsistent encore dans notre société sont les *débris* de ces deux systèmes.

Après la secousse de 1830 comme avant la révolution de 1789, c'est sur le HASARD DE LA NAISSANCE que repose encore tout l'édifice social. La *propriété* est HÉRÉDITAIRE; les *fonctions politiques* sont, en grande partie, HÉRÉDITAIRES. Naître RICHE, c'est naître *éligible*, ou *électeur*, ou *juré*; c'est naître exempt du seul service public dur à supporter, la CONSCRIPTION; pour de *l'argent* n'achète-t-on pas UN HOMME?

Après la secousse de 1830, comme avant la révolution de 1789, c'est le CLERGÉ CATHOLIQUE qui dirige l'*éducation morale* du peuple; et, pour l'immense majorité des Français (fidèles ou non fidèles à la foi catholique!), c'est toujours l'Église qui consacre les faits importans de la vie civile, la NAISSANCE, le MARIAGE, le DÉCÈS.

Or ce sont là des restes de l'ancien régime, bien affaiblis, il est vrai, mais toujours debout; et il est indispensable que tous les partis, quels qu'ils soient, demeurent accrochés à ces débris, car ils présentent, dans le naufrage général, le seul point sur lequel la société puisse s'appuyer.

Aujourd'hui, ce qui reste de l'ancien régime ne saurait être attaqué par la VIOLENCE sans une subversion totale qui ensevelirait sous les ruines les vainqueurs eux-mêmes.

Ce qui reste de l'ancien régime doit être *transformé, converti*, et non *détruit*.

Henri Saint-Simon est, à nos yeux, l'homme grand parmi les autres hommes, qui a trouvé le remède à tous les maux de la société qui se dissout autour de nous. Saint-Simon nous a *transformés et convertis*; il nous a fait passer de l'*athéisme* à la *religion*, de la *révolte* à l'*obéissance* active et libre; il nous a envoyés pour *convertir* les autres hommes, et leur donner le bonheur que nous avons reçu de lui.

Notre vie tout entière est dévouée à cette œuvre de paix et de régénération; notre vie est un apostolat, et notre œuvre une religion. VOILA POURQUOI NOUS VENONS.

Jusqu'à présent les sociétés humaines ont été organisées dans l'intérêt de la *minorité*.

Minorité de *castes* (prêtres, guerriers, patriciens) dans l'antiquité; minorité de *nobles* et de *prêtres* dans le moyen âge; aujourd'hui minorité *d'oisifs*, possesseurs des terres et des capitaux, et vivant du revenu de ces terres et de ces capitaux exploités par le TRAVAIL de la classe la plus nombreuse, qui est pauvre, ignorante, dégradée.

Nous disons que la société doit être organisée dans l'intérêt de la *majorité*, c'est-à-dire de ceux qui travaillent. Nous disons que dans une société ainsi ordonnée, *au profit de la classe la plus nombreuse,* l'intérêt de TOUS se trouve aussi compris, à condition que tous *veuillent* travailler; et nous avons mission de donner à tous le *désir* et le moyen de travailler (1).

Toute société suppose RELIGION, *hiérarchie, propriété*. La reli-

(1) Définition de l'*oisif* et du *travailleur*.

Est TRAVAILLEUR quiconque *cherche*, par le seul moyen de son travail PERSONNEL et DIRECT, à obtenir dans la société honneurs et richesses.

Les TRAVAILLEURS sont les *artistes*, les *industriels*, les *savans*, poètes, peintres, musiciens, architectes, etc., etc., manufacturiers, agriculteurs, commerçans, etc., etc., physiciens, chimistes, physiologistes, mathématiciens, économistes, etc., etc., les travailleurs sont aussi les GOUVERNANS, ceux qui s'occupent de perfectionner la société et d'améliorer la condition des hommes.

Est OISIF quiconque a obtenu ou obtient, en TOUT ou en PARTIE, *directement* ou *indirectement*, par les *intérêts* d'un *capital*, par un *revenu*, par une *rente*, le rang et la *fortune* dont il jouit dans la société. Il y a quatre espèces *d'oisifs*

1° *Les oisifs qui ne font que consommer leurs revenus.* Ceux-là vivent entièrement du travail d'autrui, sans être d'aucune utilité à leurs semblables. Ce sont les frelons de la ruche.

2° *Les oisifs qui ne doivent au travail d'autrui qu'une partie de leurs revenus.* Par exemple, le propriétaire qui exploite lui-même le domaine dont il a hérité. —Ceux-là sont moins nuisibles que d'autres; mais dans le système actuel de l'industrie, il faut bien reconnaître qu'un *capital* tout *trouvé* est un grand privilége contre des CONCURRENS nés sans capitaux.

3° *Les oisifs qui sont rétribués pour ce qu'ils ne font pas et qui ne sont pas rétribués pour ce qu'ils font.* Tels sont les propriétaires exerçant des fonctions publiques non salariées, MAIRE, DÉPUTÉ, etc., etc.; ceux-là rendent de grands services à la société, mais ils vivent de revenus acquis soit par le travail de leurs *fermiers*, soit par le travail d'industriels *commandités* par eux, soit enfin au moyen d'ACTIONS dans des entreprises où ils ne prennent aucune part active.

5° *Les oisifs qui se reposent après avoir travaillé.* Ceux-là, il est vrai, sont bien dignes du repos dont ils jouissent, mais leur position est exceptionnelle et privilégiée tant que la société n'est pas organisée de manière à donner à tous l'ÉDUCATION, la FONCTION, le REPOS. Aujourd'hui le *travailleur en retraite* n'en est pas moins EXPLOITANT par rapport au *travailleur en activité* qui lui paie l'INTÉRÊT d'un capital.

Enfin, selon la politique Saint-Simonienne, le véritable *oisif* est celui qui a HÉRITÉ ou qui tient *du hazard de la naissance* ses moyens de fortune.

(4)

gion, la hiérarchie, la propriété, se sont successivement modifiées, et toujours ces modifications ont été faites au profit de la classe la plus NOMBREUSE et la plus *pauvre*.

Notre RELIGION, c'est la religion du *progrès*; elle enseigne que Dieu a soumis tous les êtres à une même loi de *perfectibilité*. Tous les êtres sont *liés* har oniquement au sein de DIEU, qui est la VIE UNIVERSELLE.

La religion exprime donc l'ensemble des rapports qui unissent l'homme à ses semblables et à la nature extérieure.

La vie de l'humanité est liée à celle de la planète qu'elle habite. L'objet du travail de l'homme, c'est *l'exploitation et l'embellissement du globe terrestre*.

Les relations de l'homme avec ses semblables sont exprimées d'une manière plus spéciale, par la POLITIQUE et la MORALE.

Notre POLITIQUE c'est : *l'association universelle* de tous les peuples; *l'amélioration* morale, intellectuelle et physique de tous les hommes.

De là, *l'abolition graduelle* de la GUERRE et de la servitude humaine sous toutes les formes; plus d'esclaves, plus de prolétaires, plus de salariés, mais des ASSOCIÉS à titres différens et inégaux.

La destinée sociale de l'homme est de développer sans cesse ses SENTIMENS MORAUX; d'étendre de plus en plus le cercle de ses *connaissances*, et d'augmenter toujours la masse de ses *richesses*.

Dans ce but, les forces sociales seront employées exclusivement aux travaux PACIFIQUES des *beaux-arts*, de la *science* et de *l'industrie*; et le pouvoir sera confié aux plus grands ARTISTES, aux plus grands SAVANS, et aux plus grands INDUSTRIELS.

La CONCURRENCE, qui n'est autre chose que la *lutte* des *travailleurs entre eux*, au profit des *consommateurs-oisifs*, disparaîtra pour faire place à une ORGANISATION POLITIQUE des artistes, des savans et des industriels. Tous les efforts seront *combinés* et *divisés* pour le *développement* le plus complet, et l'*extension* la plus large de la morale, des lumières et des richesses.

Notre MORALE, c'est le *travail* et le *mariage*; — l'harmonie parfaite de l'*intérêt individuel* et de l'*intérêt social*.

Tout homme doit travailler, et prendre dans l'œuvre sociale le rôle qu'il remplira le mieux pour son avantage personnel et pour celui de ses semblables.

L'homme et la femme s'associeront par le MARIAGE. Un seul homme sera uni à une seule femme. Cette union, pour être *légitime*, devra être fondée sur la sympathie réciproque des époux, et CONSACRÉE par le pouvoir social. L'épouse sera l'*égale* de l'époux dans le temple, dans l'état et dans la famille. La *dot* des époux se compose des émolumens attachés à la *fonction sociale* qu'ils auront été jugés *capables* de remplir.

De là, l'abolition *graduelle* de l'OISIVETÉ, du VICE et du CRIME.

Notre morale, notre politique, notre religion sont une même

chose, parce qu'elles reposent sur un même principe : l'ASSOCIATION.

Toute religion s'*explique* par un DOGME et se *pratique* par un CULTE.

La religion, c'est ce que l'homme *doit aimer;* le dogme, ce qu'il *doit croire;* le culte, ce qu'il *doit faire.*

La meilleure religion est celle qui répond le mieux aux SYMPA-THIES des hommes; le meilleur dogme, celui qui satisfait le mieux leur RAISON; le meilleur culte, celui qu'ils peuvent PRATIQUER le plus facilement et sans faire violence à leur nature.

Le DOGME SAINT-SIMONIEN embrasse dans sa sphère *toutes les sciences.* Pour nous, apprendre à *connaître* les LOIS de l'humanité et du monde, c'est apprendre à CONNAÎTRE la *volonté* de DIEU.

Le dogme est *progressif* comme l'intelligence humaine.

Le CULTE SAINT-SIMONIEN règle tous les actes de la vie indivi-duelle et de la vie sociale.

Pour nous, TRAVAILLER à la *culture* du globe, à notre amé-lioration morale, intellectuelle et physique, et à celle de tous les hommes, c'est PRATIQUER la *volonté* de DIEU.

Le culte est *progressif,* comme l'activité humaine.

La religion, le dogme et le culte ont donc pour but unique de diriger l'homme dans la carrière de progrès que Dieu lui assigne.

Ce progrès se *continue* dans toutes les phases *diverses* de la vie.

Pour nous, la VIE PRÉSENTE est le passage d'un état *inférieur,* qui était notre *vie passée,* à un état *supérieur* qui sera notre *vie future.* Tous sont *appelés,* et tous seront *élus.*

Notre HIÉRARCHIE est fondée exclusivement sur la *capacité* ou le *mérite personnel.* Pour nous, la *souveraineté légitime* est l'*accord* des gouvernans et des gouvernés. Les chefs qui gouvernent dans l'intérêt de tous, et qui *aiment* leurs inférieurs, ont droit de com-mander; les inférieurs qui *aiment* leurs chefs, et qui ont besoin d'être gouvernés, *doivent* obéir. Ces *droits* et ces *devoirs* viennent de Dieu et retournent à Dieu.

Tous les hommes naissent avec des moyens différens et inégaux.

Il y a dans la société des ORDRES différens, et dans chaque ordre des DEGRÉS hiérarchiques.

Pour le *classement* des travailleurs, la prévoyance sociale rem-place la prévoyance *individuelle* du père de famille, le *caprice* du chef d'atelier et le *hasard* de la naissance. La société donne à chacun de ses membres, ÉDUCATION, FONCTION, REPOS.

De là, l'abolition *graduelle* des *titres* ou des *rangs* acquis par *pri-vilége* de naissance.

Chez nous la PROPRIÉTÉ est attribuée exclusivement au *travail personnel* et *direct.* Tous les hommes travaillent, tous les hommes possèdent; le fonds est social, le revenu est social.

Tous les hommes naissent avec des besoins différens et inégaux; il y a INÉGALITÉ de *partage* dans la société. Chacun jouit du re-venu selon qu'il a contribué à l'exploitation du fonds.

Pour la *rétribution* des travailleurs, la richesse sociale remplace les ressources *individuelles* du père de famille, le *salaire* du chef d'atelier, et le *hasard* de la naissance. La société donne à chacun de ses membres PENSION, ÉMOLUMENS et RETRAITE.

De là l'abolition *graduelle* de toute *propriété* acquise par *privilége* de naissance.

VOILA CE QUE NOUS APPORTONS.

———

Henri Saint-Simon est né en France le 17 avril 1760; il a commencé la publication de sa *parole* en 1807; il est mort en 1825; il a vécu et il est mort en *homme de progrès;* ses disciples le continuent. Ils ont d'abord ardemment désiré l'accomplissement de la loi nouvelle; ils se sont sentis passionnés pour elle; aujourd'hui ils l'enseignent et la pratiquent.

Les Saint-Simoniens s'adressent, avant tout, aux hommes qui, comme eux, ont souffert des douleurs de l'humanité et de leurs propres douleurs. Dans leur famille naissante, tous les sentimens, tous les devoirs, tous les intérêts de l'humanité sont représentés. Il y a parmi nous, des pères, des épouses, des enfans, des jeunes gens pleins d'ardeur et d'énergie, des vieillards heureux de préparer pour les générations futures, ce qu'ils n'ont pas trouvé pour eux-mêmes. Il y a parmi nous des artistes, des industriels, des savans, des prolétaires, des propriétaires, des *oisifs!* Tous aujourd'hui se reconnaissent enfans de la même famille, et travaillent à la même œuvre.

L'œuvre du moment, c'est l'ANNONCIATION, la prédication de la doctrine, l'enseignement des individus et des nations.

La société, au milieu de laquelle nous arrivons, a besoin de ce que nous apportons; mais elle ne peut encore ni comprendre ni pratiquer la loi nouvelle sans préparation et tout d'un coup. Par un mouvement brusque, elle serait révolutionnée, bouleversée, détruite, mais elle ne serait pas *convertie, transformée, réorganisée.* Il n'y a de sociétés stables que celles qui s'établissent et se conservent sans blesser les affections des hommes, sans contrarier leurs idées, sans violer leurs intérêts. Une religion doit se propager par infiltration, et, pour ainsi dire, se verser goutte à goutte sur l'humanité; elle n'est bonne qu'à cette condition.

Les Saint-Simoniens reconnaissent donc pour unique moyen de propagation, la *conversion religieuse.* Ils convertissent par la parole, par la presse, par l'exemple qu'ils donnent au monde.

C'est par-là qu'ils espèrent bientôt décider la société qui les entoure, à entrer dans les voies d'une TRANSITION graduelle et sans secousse. C'est par-là seulement qu'ils ont augmenté le nombre de ceux qui sont venus immédiatement prendre part aux bienfaits et aux travaux de la société nouvelle.

On nous accuse de vouloir *renverser l'ordre social.*

Lorsqu'une ancienne société s'écroule, c'est folie que de remuer ses décombres. Il faut choisir un *terrain libre*, et bâtir *à côté* des ruines. Nous nous sommes placés sur le terrain de la religion, de l'industrie et de la science, terrain libre s'il en est aujourd'hui.

Nous voulons *édifier*, *associer*; si dans une pareille entreprise il y a du sang de versé, ce sera le nôtre; si quelqu'un souffre, ce sera nous; si quelqu'un est agitateur, ce ne sera pas nous. Devant Dieu et devant les hommes, nous nous proclamons des apôtres de paix; la paix ne sera donnée au monde que par l'amour. C'est pour nous un désir, un devoir, un calcul.

On nous accuse de vouloir *changer la forme du gouvernement établi.*

Il est vrai que nous ne croyons pas à l'immobilité, et l'histoire de toutes les dynasties confirme notre foi.

Mais pour long-temps encore, nous désirons la continuation de tout pouvoir qui ne contrariera pas le développement des *beaux-arts*, de la *science* et de l'*industrie*.

Mais nous croyons à la durée de tout gouvernement qui *voudra* et *pourra* travailler à l'amélioration morale, intellectuelle et matérielle de la classe la plus nombreuse et la plus pauvre, en diminuant les priviléges des OISIFS, *propriétaires* par le hazard de la naissance, et en donnant aux TRAVAILLEURS, *prolétaires* par le hasard de la naissance, les *moyens* d'acquérir de la MORALITÉ, des *lumières* et des *richesses*.

Un tel gouvernement sera *pour nous*, et nous serons *pour lui*. Le gouvernement qui voudrait autre chose aujourd'hui serait *contre nous*, et trouverait dans les rangs du libéralisme assez d'hommes pour l'arrêter.

Pour nous, dépositaires d'une loi morale supérieure à toutes celles qui, jusqu'ici, ont régi l'humanité, et placés dans une sphère qu'aucune loi civile ni politique ne pourra atteindre; pour nous qui avons le droit contre lequel il n'y a point de droit, notre tâche est de prêcher, d'enseigner et d'associer les hommes. L'œil fixé vers l'avenir, nous marchons le front calme et serein, portant à tous la parole qui est pour tous, parlant d'autant plus fort que nous nous adressons plus haut, et ne regardant jamais en arrière ou à côté de nous, que pour ramener ceux qui s'éloignent et pour presser ceux qui arrivent.

Quand nous venous dans un lieu, notre but n'est donc pas d'ameuter les populations et de les pousser au désordre; nous voulons d'abord nous faire connaître pour ce que nous sommes, et nous ne sommes pas des *révolutionnaires*. Le plus grand nombre aujourd'hui, ne peut ni ne veut nous entendre, il ne vient pas nous écouter; beaucoup viennent par oiseveté et par curiosité, et s'en retournent comme ils étaient venus; quelques-uns se réveillent un moment pour bientôt se rendormir; d'autres rient ou se fâchent sans trop savoir pourquoi; un petit nombre nous aime et nous comprend ; en ceux-là nous avons des partisans, des amis, des *fidèles* qui préparent l'*opinion publique* ; quelques hommes d'élite, habitués à commander la foule plutôt qu'à suivre ses caprices, agités d'immenses désirs, et mal à l'aise dans une étroite sphère, sont attirés par notre voix. Ils commencent par le mépris ; mais bientôt la parole les saisit, les remue, les renverse, les transforme ; ils sont à nous, nous sommes contens, et nous pouvons partir ; car au retour, nous trouverons la terre bien ensemencée.

VOILA CE QUE NOUS VOULONS ET COMMENT NOUS PRÉTENDONS RÉUSSIR.

Si, au moment de notre arrivée, nos intentions étaient ainsi appréciées, personne ne croirait son intérêt compromis, ses droits menacés. Les cœurs froids et égoïstes ne s'alarmeraient point ; les timides seraient rassurés, les indifférens attirés ; les hommes voués à l'immobilité, esclaves de leurs préjugés et de leurs antipathies, s'abstiendraient ; les hommes de désir et de progrès s'empresseraient autour de nous ; le peuple, averti que des hommes plus instruits et plus avancés que lui, travaillent à son amélioration, sentirait, de lui-même, le danger et l'inutilité de son intervention ; tous viendraient en leur temps, et nous pourrions voir se changer en dispositions bienveillantes et respectueuses les préventions que souvent nous trouvons établies contre nous. Alors on n'opposerait point à notre mission des obstacles dont notre patience et notre foi triomphent toujours, mais que nous serions heureux de ne point rencontrer. Tous les hommes de cœur doivent s'efforcer de nous les éviter ; c'est à eux que nous nous adressons ici.

Puissent nos paroles nous faire aimer davantage de ceux qui nous aiment déjà, attirer à nous ceux qui ne nous aiment pas encore, et désabuser ceux qui nous haïssent, parce qu'ils n'ont point voulu nous connaître !

Au nom de nos pères, BAZARD-ENFANTIN, *chefs de la religion Saint-Simonienne*, JULES LECHEVALIER, membre du Collége.

PUBLICATIONS SAINT-SIMONIENNES.

OUVRAGES SUR LA DOCTRINE.

EXPOSITION. 1 vol. *in-8°* . . . . . . 6 f.	DISCOURS aux Elèves de l'Ecole polytechnique . . . . 2 f.
LETTRES sur la religion et la politique. 3	TABLEAU synoptique. 3
ENSEIGNEMENT CENTRAL. 3	Appel aux Artistes 3

JOURNAUX DE LA DOCTRINE.

LE GLOBE, feuille politique, paraissant tous les jours. — 20 f. pour 3 mois. — 40 fr. pour 6 mois. — 80 fr. pour un an.

L'ORGANISATEUR, gazette des Saint-Simoniens. — 13 fr. pour 6 mois. — 25 fr. pour un an.

De l'Imprimerie de Mad. V° SILBERMANN, à Strasbourg.

MISSION SAINT-SIMONIENNE.

(Extrait de *l'Organisateur*.)

RÉPONSE
A QUELQUES OBJECTIONS

SUR LE

PRINCIPE FONDAMENTAL DE LA POLITIQUE SAINT-SIMONIENNE :

« A CHACUN SUIVANT SA CAPACITÉ;

« A CHAQUE CAPACITÉ SUIVANT SES OEUVRES. »

Pendant le séjour de la Mission Saint-Simonienne à DIEPPE, un négociant de la ville lut, en séance publique, un *Mémoire* dans lequel les principes politiques de notre doctrine étaient vivement combattus. Nous répondîmes verbalement et séance tenante aux diverses objections proposées; cependant nous ne parvînmes pas à dissiper les doutes graves qui nous étaient soumis, et l'auteur reproduisit ses objections dans le *Mémorial dieppois*, journal de la ville, déclarant que nous avions cherché à éluder toutes les difficultés. Après avoir montré par un résumé de la discussion verbale combien les plaintes de notre interlocuteur étaient mal fondées, nous avons adressé une *réponse écrite* à toutes les questions posées. Nous publions de nouveau cette réponse, insérée dans le n° 45 de L'ORGANISATEUR

(IIe année, 11 juin 1831), les difficultés qui s'y trouvent résolues nous étant présentées chaque jour par toutes les personnes qui commencent à étudier notre doctrine.

RÉSUMÉ DE LA DISCUSSION VERBALE.

Le prêtre Saint-Simonien n'a point cherché à *éluder toutes les objections qui présentaient quelques difficultés*; au contraire, il a employé son *adresse* à choisir dans le Mémoire qui a été lu, les questions les plus générales, celles dont la solution touchait le plus directement aux grands intérêts de l'humanité et aux points capitaux de la politique Saint-Simonienne, abandonnant à la sagacité des auditeurs le soin d'appliquer aux détails d'ordre secondaire les principes généraux déjà posés. C'est pourquoi il s'est long-temps arrêté sur le changement apporté à la constitution actuelle de la *propriété*: 1° par l'abolition *graduelle* de tout moyen d'acquérir autre que le travail personnel et direct, ordonné et rétribué par la prévoyance sociale; 2° par la substitution *graduelle* de l'héritage selon le mérite et le rang dans la FAMILLE SOCIALE, à l'héritage selon le hasard de la naissance et la règle toute individuelle de la FAMILLE DE GÉNÉRATION.

Des explications données à cet égard, il a dû résulter que tous les *progrès sociaux* ont amené des changemens dans la *constitution de la propriété*; que ces progrès, indiqués, préparés par des *mouvemens révolutionnaires*, ne s'étaient accomplis d'une manière régulière et stable que sous l'influence d'une *parole religieuse* ou d'une *organisation pacifique*. Dans ce but, nous avons comparé, par rapport à l'abolition de l'ESCLAVAGE, l'action *révolutionnaire* de Spartacus et de ses hordes armées, à l'action *religieuse* de Jésus, de ses apôtres et de son clergé.

Nous avons comparé, par rapport à l'abolition du SERVAGE, l'action *révolutionnaire* des guerres de la Jacquerie à l'action *pacifique* et *laborieuse* des *corporations industrielles*, instituées sous l'invocation des saints du christianisme.

Enfin, par rapport à la destruction de l'ARISTOCRATIE BOURGEOISE et à l'abolition de l'HÉRITAGE, nous avons comparé l'action *révolutionnaire* du parti de la Montagne et les essais théoriques informes de Saint-Just et de Babœuf à l'action religieuse de SAINT-

(3)

SIMON et de ses disciples, *enseignant* une nouvelle MORALE, « *le travail pour tous;* » apportant un nouveau PRINCIPE D'ORDRE, « *le classement selon la capacité;* » une organisation nouvelle de PROPRIÉTÉ, « *la rétribution selon les œuvres.* »

De plus, nous avons indiqué les *moyens transitoires* (politiques et financiers) à l'aide desquels disparaîtraient *successivement* tous les priviléges de naissance sans exception (y compris l'hérédité de fortune), sans *dépossession* ni *violence*, sans même qu'il fût nécessaire d'exiger des hommes *convertis par la parole* le SACRIFICE! Le sacrifice, au prix duquel pourtant le christianisme avait déjà obtenu le plus grand changement opéré jusqu'ici dans la constitution de la propriété, savoir : l'abolition de l'ESCLAVAGE, l'abolition de la *propriété-homme*, l'abolition d'un *héritage* auquel les PATRICIENS de l'antiquité, encore plus imbus du sentiment de la famille et du respect de la caste que les bourgeois de notre époque, attachaient le bonheur, la gloire et l'intérêt de leurs *enfans*.

Par là s'est trouvée détruite la plus grave de toutes les accusations portées contre les Saint-Simoniens, celle d'exciter *volontairement* ou *involontairement* les populations à la révolte, et de prêcher une doctrine subversive et dangereuse. Par là, on a vu que les Saint-Simoniens, apôtres de paix et de travail, n'apportaient ni la *guerre* ni le *pillage*, mais qu'arrivant au milieu d'une société où tous les intérêts se trouvent en lutte, et au moment où une question terrible commence à s'agiter entre ceux qui *possèdent* et ceux qui ne *possèdent point*, ils se présentaient, avant tout, comme *pacificateurs*, comme CONCILIATEURS et JUGES entre les deux partis.

Cette question était bien, de toutes celles à traiter, la plus importante; car une doctrine, convaincue d'excitation à la *révolte* et à la *violence*, devrait être légitimement repoussée; et pour établir devant tous nos droits à être écoutés et suivis, il était indispensable d'écarter une odieuse *fin de non-recevoir*.

Nous avons répondu sur les influences que devrait exercer l'AGE par rapport aux conditions d'*éducation*, de *fonction* et de *repos*.

Nous avons particulièrement insisté sur l'institution de la hiérarchie selon la capacité, et nous avons montré combien étaient diminuées les chances d'erreur; comment *les erreurs, possibles dans tout ce qui est humain*, seraient facilement réparées par la *prévoyance* d'une *association* organisée pour *le progrès*.

Nous avons défini la CAPACITÉ, et de cette définition il est résulté qu'un homme *véritablement classé suivant sa vocation*, serait toujours *libre;* qu'il n'y avait liberté qu'à cette condition.

Nous avons expliqué comment un *père de famille*, sans être un *méchant homme*, pourrait voir dans l'application de la loi Saint-Simonienne qu'il aurait JUGÉE BONNE, le *bonheur*, le *devoir* et l'*intérêt* de ses enfans. Nous avons dit aussi quels hommes Jésus appelait *méchans*, et quels hommes aujourd'hui nous nommerions tels, si au lieu d'une loi de paix et de douceur, de perfectibilité et de progrès, nous apportions une loi dont la TERREUR, compagne inséparable du *démon*, ne serait point bannie, une loi de déchéance, de péché et de réprobation.

Nous avons traité longuement de la condition des femmes; nous avons établi comment nous entendions l'égalité sociale de l'époux et de l'épouse, et quel *rôle différent* ils accompliraient dans l'exercice d'une *même* FONCTION, *chacun* selon la grâce particulière départie à son sexe. Nous avons pris pour exemple la fonction SACERDOTALE, considérée dans le *prêtre* et dans la *prêtresse*.

Nous avons beaucoup parlé de la propriété, de l'égoïsme, de l'amour-propre ou intérêt personnel, beaucoup aussi de l'amour de l'humanité et de la famille.

Dans tous nos enseignemens nous avons posé et sans cesse développé, commenté les principes fondamentaux de notre code politique et religieux, principes qui se réduisent à trois :

« *Association universelle* pour l'amélioration *progressive*, sous le « rapport MORAL, *physique* et *intellectuel* de la classe la plus nombreuse et la plus pauvre;

« Abolition de l'héritage et de l'oisiveté;

« Classement selon la capacité et rétribution selon les œuvres. »

Prenant pour exemple, la *loi de Moïse*, la *loi de Jésus*, la *déclaration des droits de l'homme*, nous avons même montré comment les codes les plus compliqués pouvaient se ramener à quelques préceptes *générateurs*; et il est vrai, nous nous sommes empressés d'annoncer que le CODE de l'*association universelle* ne se composerait jamais de trente-trois mille lois en quelques millions d'articles; minimum formidable de la collection des lois, décrets et ordonnances produite par nos assemblées délibérantes depuis 1789.

Nous avons surtout cherché, dans la réponse publique aux observations, à réhabiliter la CAPACITÉ CALOMNIÉE, et ceux qui nous entendaient ont dû sentir que loin de maudire cette aristocratie de *talens* comme étant aussi aussi oppressive que l'aristocratie de *naissance*, il fallait au contraire la désirer et l'aimer; car le règne de la *capacité* c'est la condition la plus favorable à l'AMÉLIORATION des hommes NÉS *peu capables*. Nous avons prouvé par l'histoire et par toutes les données du cœur humain, que la capacité était, par essence, amie de l'homme et du progrès; nous avons dit que le *criterium* véritable de la capacité de commandement était l'amour de l'humanité et l'enthousiasme pour les destinées sociales.

Enfin, nous abstenant de parler *métaphysique* à qui avait déclaré son incompétence, nous avons terminé par une allocution morale. Cette allocution avait pour but de faire sortir nos auditeurs des voies étroites de l'INDIVIDUALISME et de les élever dans la sphère sociale et religieuse. Nous avions à cœur de montrer à quelles conditions on peut se permettre de JUGER les doctrines sociales, à quelles conditions on peut les *comprendre* et les *réaliser*, à quelles conditions surtout on s'en fait *apôtres*.

Nous avons dit que tout homme qui n'était pas préparé *moralement* et *sympathiquement* à écouter une doctrine de régénération sociale ferait de vains efforts pour la comprendre; car *les grandes pensées viennent du cœur*, et pour être bien comprises, doivent *passer par le cœur;* et alors nous avons essayé de préparer moralement et sympathiquement ceux qui ne l'étaient pas encore. Nous avons parlé des événemens politiques de l'Europe, des misères de la classe ouvrière; nous avons parlé au nom de l'alliance entre les bourgeois et les prolétaires, si chaudement conclue dans les journées de juillet, et *sitôt oubliée*.

Jusqu'ici nous ne répondons point directement, nous cherchons seulement à récapituler les points principaux de la réplique verbale, afin de rétablir la discussion sur son véritable terrain. Cette récapitulation fera voir sans doute qu'on nous accuse à tort d'avoir négligé certaines difficultés auxquelles nous croyons avoir surabondamment répondu.

Toutefois, il est évident, par la note reproduite dans le *Mémorial dieppois*, que les solutions données par nous, n'ont pas été bien saisies; nous allons, en conséquence, reprendre en détail les objections, les examiner sous toutes les faces, et donner à leur occasion, les explications nécessaires.

RÉPONSE AUX OBJECTIONS.

DOMESTICITÉ.

Les Saints-Simoniens n'admettent point la *domesticité*, dans le sens vulgairement attaché à ce mot, car ils annoncent que l'exploitation de l'homme par l'homme, doit être abolie sous toutes les formes.

Ce qu'on appelle aujourd'hui *domesticité* est un dernier vestige de l'état d'*esclavage*. L'homme, par le *hasard* de la naissance, se trouve placé sous le joug *individuel* d'un *maître*, indépendamment de toute condition d'aptitude et de mérite relatif. Personne ne contrôle le *maître* dans l'exercice de son autorité; toute la législation est faite en sa faveur et au préjudice du *salarié*. La religion se contente d'enseigner au *maître* qu'il *doit commander* avec douceur, au *domestique* qu'il *doit obéir* avec résignation; aujourd'hui *maîtres* et *domestiques* n'ont guère de religion; ils sont en opposition de sentimens et d'intérêts : l'un ne cherche qu'à faire augmenter le prix de son salaire, l'autre veut payer le *service* le moins cher possible. La famille de l'homme à gages est tout-à-fait étrangère aux sympathies et aux soins du *maître* : « *Ne prenez pas de domestiques mariés, il faut nourrir toute la famille.* » C'est là un proverbe bourgeois. Le domestique est-il malade? Soigné à ses frais. Est-il infirme? Hors de service et privé de gages. Telle est la *règle*. Toute autre conduite est une *exception*. Dans le service nulle division de travail bien tranchée, nulles chances de dévoûment, nul espoir d'avancer.

Immobilité fatale et *dépendance individuelle*, tels sont les caractères qui résument tous les vices de l'état de domesticité. Une condition pareille serait pire que l'*esclavage*, si elle pouvait durer. Et en effet, le *prolétaire*, moins heureux que l'esclave, n'a point un maître dont l'intérêt soit de bien conserver SA *chose;* le prolétaire, moins heureux que le serf, ne croit point à une supériorité de race dans son maître : on lui a dit que les hommes étaient *libres* et *égaux* devant Dieu et devant la loi. Il souffre d'autant plus d'une INÉGALITÉ dont il ne peut sentir la raison.

La société actuelle et les sociétés du passé offrent des indications fécondes de l'avenir.

Partout où il y a *ordre*, but commun à accomplir, amour réciproque des supérieurs et des inférieurs, les services *personnels* perdent leur caractère dégradant, parce que la personne servie est digne de l'être et que le serviteur aime et vénère son chef.

Tout service *personnel* ou *abject* qui a un caractère *social* est *ennobli.* Toute fonction qui sert d'*apprentissage* à une fonction plus élevée ne rabaisse point celui qui la remplit *momentanément.*

Dans la caserne le soldat s'occupe, *à son tour,* des services domestiques du dernier ordre, sans se croire pour cela *dégradé ;* il sait que pour n'y plus être soumis il n'a besoin que de devenir *caporal* ou *sergent.*

Au moyen age, les pages, les valets, les écuyers étaient les gens de la *maison* du seigneur, ses *domestiques ;* ils étaient attachés à sa *personne.* Ces fonctions étaient nobles; car ceux qui les remplissaient faisaient un *apprentissage ;* ils pouvaient s'élever dans la hiérarchie ou même rester avec honneur à la place qu'ils occupaient suivant les diverses circonstances de capacité et de mérite.

Dans la société catholique les ordres mineurs, les frères servans, les novices, les convers ne sont pas des *domestiques,* parce que, d'une manière plus ou moins directe, ils font partie de la *hiérarchie spirituelle.* Dans les couvens toutes les fonctions sont remplies par des membres de la communauté, qui, par leurs fonctions, ne sont pas déshérités du titre par lequel les membres de l'association sont unis, celui de *frères.*

Dans la société Saint-Simonienne toute fonction de *service personnel* tient à un service social. Le serviteur a des supérieurs et des inférieurs dans la ligne hiérarchique à laquelle il appartient; il ressort immédiatement d'une autorité *analogue* à sa fonction. La fonction subalterne est l'apprentissage d'une fonction supérieure. Toutes les professions sont divisées et classées de manière à présenter une échelle *très-variée, très-élevée, très-bien graduée.* Nul n'est condamné à rester toute sa vie au même degré, dans l'ordre de travaux où il aura été jugé capable d'entrer. Tous ont une vaste carrière d'avancement, de telle sorte, qu'une profession aujourd'hui avilie, pourrait être l'acheminement à un grade si élevé, qu'on n'en saurait trouver l'analogue dans les étroites sphères de notre société.

On peut d'apprenti devenir maître, comme on pouvait de page devenir chevalier; tous pour s'élever reçoivent *éducation* et *secours ;* l'éducation est toujours *proportionnée* au mérite. N'y a-t-il pas des hommes et des femmes qui *naissent* avec une aptitude toute particulière pour les soins de la maison? N'y a-t-il pas la *dévotion à la personne?* N'est-ce pas là la vertu de ceux qui chérissent d'autant plus la fonction que leur amour se porte davantage sur les hommes qui la remplissent? Voilà la seule question à poser et à résoudre pour entendre la *domesticité* comme nous l'entendons.

PROFESSIONS ABJECTES ET DÉGRADANTES.

Quand aux professions dites *abjectes*, elles appartiennent presque toutes à l'ordre industriel, parce que, dans le passé, l'industrie a été *esclave* et *subalternisée.* Par SAINT-SIMON l'industrie réhabilitée entre dans le temple; plus de professions abjectes. L'état abject pour l'homme, c'est *l'immobilité.* Naître et grandir, vieillir et mourir dans le même réduit et dans la même misère et à la même place, voilà la douleur et la honte! Toutes les professions *stationnaires* et non revêtues d'un *caractère social* sont dégradantes.

Observons le *progrès.*

Il fut un temps où tout travail, hormis celui de la guerre, était abject.

Tous nos aristocrates bourgeois étaient *serfs* autrefois; avant l'émancipation des communes, qu'était-ce qu'un industriel? UN VILAIN. En ce temps les banquiers étaient des changeurs, et eux qui comparent aujourd'hui leurs *maisons* aux *maisons royales* d'Angleterre, de France et d'Autriche, n'avaient autrefois qu'un banc de pierre sur le marché public; quand ils ne tenaient point leurs engagemens, le banc était rompu et brisé par la justice.

Dans la société Saint-Simonienne toutes les professions sont ennoblies. On peut de simple ouvrier dans un atelier quelconque devenir chef de tous les ateliers dans un immense territoire.

Mais il se présente encore une autre considération.

Pour toute fonction de *manœuvre*, la MÉCANIQUE tend à remplacer l'homme; et le développement de tous les moyens d'application que fournissent les théories scientifiques n'enlèvera point aux ouvriers leurs moyens d'existence, parceque le *travail*, les *travailleurs* et les *produits* seront divisés et ordonnés d'après le principe de l'ASSOCIATION, et non plus par l'aveugle CONCURRENCE. Or les ressources de la mécanique sont immenses. Il y a loin sans doute de la *fronde* au *canon*, du *caillou* tranchant aux *lames d'acier*, de la *rame du marinier* à la *machine à vapeur*, du *rouet* aux *mulls-jenny.*

Toutes les professions tendent à se rattacher intimement à une théorie scientifique ; tous les métiers deviennent des arts libéraux.

Aveugles, aveugles, ouvrez donc les yeux !

RÉTRIBUTION, DÉTOURNEMENT DE FONDS, ALIÉNATION DE SALAIRE, MEUBLES.

Dans notre société il y a toujours équilibre ou analogie entre la *richesse* et le *mérite*. Tout homme riche est un homme capable ; tout homme capable est un homme riche : à *chacun suivant sa capacité !*

Tous les hommes sont fonctionnaires, tous les fonctionnaires sont rétribués MORALEMENT, *intellectuellement* et *matériellement*. Dans un pareil système d'association il n'y a plus lieu à un commerce de *spéculation* ou de *lucre*. Tous les revenus sont des *fournitures ;* l'argent *monnayé* tend à disparaître ; on ne connaît plus que des *bons au porteur* sur les magasins publics.

Les difficultés présentées sur les *salaires, l'aliénation des revenus,* la faculté de *thésauriser*, etc., tiennent toutes à un genre de questions dont les principes que nous venons de poser fournissent suffisamment la solution.

Dans le nouvel ordre social la FRAUDE peut se glisser, mais nous cherchons à prévenir la fraude en donnant à tous et à chacun MORALITÉ, *instruction* et *richesse*. Si le délit a lieu, la société s'occupe de l'amélioration du délinquant ; car l'*homme est perfectible*. L'homme *incapable* recevra une rétribution proportionnelle à ses besoins et aux habitudes des hommes qui se trouvent dans la même sphère sociale que lui. L'essentiel est que *tous reçoivent une bonne rétribution*. En France la majorité de la population souvent manque de travail, et toujours mange un pain noir trempé de sueur ; au nom de Dieu et de l'humanité point de *chicanes !* Sauvons le malheureux qui se noie ; après nous verrons.....

PRODIGALITÉ.

J'arrive à l'objection sur la prodigalité des grands artistes.

Dans les époques de désordre *ordinairement les grands artistes sont dissipateurs*, leur activité n'a point de but ; ils dissipent leur vie, leur temps, leur fortune, leur talent ; ils dissipent et prostituent jusqu'à leur GÉNIE. Dans les époques d'ordre, les artistes aiment le but social ; ils s'associent de toutes les puissances de leur être à l'œuvre commune, ils chantent, ils s'exaltent; mais dans cette exaltation pleine de calme et de religion, ils n'oublient point leur dignité. D'ailleurs, par sa nature, l'artiste n'est point apte aux détails de l'économie domestique, il veut être entouré de soins qu'il paie de son génie et de son inspiration. C'est pourquoi l'artiste vit et meurt *pauvre* dans les sociétés où il est obligé de se suffire à lui-même, et d'être à la fois l'artisan industriel de sa fortune et l'économe de sa maison.

A QUEL AGE CLASSE T-ON ?

J'ai dit que, *selon les individus*, l'AGE pour l'éducation, l'entrée en fonction ou la retraite devait varier. J'ai montré l'injustice des textes de loi qui fixent des conditions abstraites indépendamment des circonstances personnelles; j'ai dit que le pouvoir paternel ne connaissait d'autre règle que les *besoins* actuels de ses enfans et les *devoirs* de sa fonction. L'éducation durera jusqu'à ce qu'elle soit complète; l'homme restera en fonction le plus long-temps possible : il se reposera lorsque ses forces commenceront à décroître. Il n'y a pas d'*âge fixe et déterminé*, parce que tous les individus diffèrent de tempérament et de santé. *A chacun suivant ses forces.*

PRÉTENDUE INDIFFÉRENCE DES HOMMES POUR LA PLUPART DES PROFESSIONS.

Ou les hommes *naissent* avec une *vocation spéciale*, ou, comme le dit l'auteur de la note, *presque tous les hommes sont propres à remplir une grande partie des états de la société.* Dans le premier cas il faut que la société intervienne avec toute sa prévoyance et toutes ses ressources; car le hasard est une très-mauvaise condition de classement, et les fils de prolétaires ne sauraient *tout seuls* reconnaître leur vocation et la développer. Dans le second cas, on pourrait sans trop de soin classer les individus selon les besoins de la société, on pourrait pour ainsi dire les tirer au sort, pourvu que de *la grande partie des hommes* INDIFFÉRENS soient exceptés ceux qui seraient doués d'une vocation particulière; or de ceux-là le *triage* est assez difficile, pour qu'il ne soit point livré au hasard.

Au reste, nous ignorons sur quoi est fondée l'étrange théorie de la banalité des capacités ou de l'indifférence en matière de profession. Nous nous basons non-seulement sur notre *conception reli-*

gieuse, mais sur tous les systèmes physiologiques et politiques, pour croire aux facultés, aux aptitudes, aux vocations.

Tout homme venant au monde a un rôle à remplir. Dès les premiers élans naturels on peut prévoir et déterminer sa place dans l'une des trois grandes séries professionnelles (beaux-arts, science, industrie), etc. Aujourd'hui *la plus grande partie des hommes* naissent PROLÉTAIRES, condamnés, par le hasard, aux travaux que vous nommez abjects. La misère est-elle donc la VOCATION de la majorité des humains? et parmi tous ces *misérables* ne se trouve-t-il pas quelques-uns de ces génies qui inventent la boussole et découvrent un monde pour enrichir ceux qui blasphèment contre la capacité? Les plus heureux brisent leurs chaînes, et parviennent *malgré* tous les obstacles ; mais combien succombent dans cette lutte fatale! *Secours à chacun*, est-ce donc là une tyrannie?

L'auteur de la note dit que *c'est souvent après avoir essayé plusieurs conditions que l'homme se décide pour une.* Excellente raison pour donner à chacun le moyen de choisir ; excellente raison pour que toutes les ressources de la capacité viennent éclairer les choix ! Les hommes qui naissent *tout classés*, qui vivent et meurent selon le hasard, qui n'ont pas de choix à faire, seraient donc encore plus malheureux que nous ne l'avions pensé. Oh! plus vite encore au secours de ceux qui souffrent!

CHANCES D'ERREUR.

L'homme, sans doute, n'est pas INFAILLIBLE; mais les plus capables sont moins faillibles que les incapables ; mais toutes les puissances sociales réunies sont moins faillibles que l'aveugle hasard. Mais là où chacun trouve une place l'intrigue est beaucoup moins à redouter que dans une société où les hommes se disputent et s'arrachent les emplois.

Personne ne sera *forcé* de remplir une fonction qu'il ne voudra et qu'il ne pourra pas remplir. Tout homme classé selon sa *vocation* est libre. Dans la *famille universelle*, il n'y a pas de tyran pour dire à chaque homme : « *Tu feras* CELA, et défense à toi de faire autre chose. » Il y aura des pères qui diront à leurs enfans : Mon fils, voici la direction où tu es appelé ; choisis, et tous s'efforceront de favoriser ton développement ; car la mission des supérieurs est d'élever leurs inférieurs ; et l'intérêt de la société est de tirer le meilleur parti possible de chaque capacité.

L'homme n'est pas un démon d'orgueil; il se révolte contre l'incapacité, mais il adore le génie; il adore même trop facilement ceux qui l'exploitent, et sous ce point de vue le progrès de l'humanité consistera plutôt à relever les individualités qu'à les abaisser.

DIFFICULTÉ DE CONTENTER TOUS LES HOMMES.

Vous dites qu'en supposant même notre *infaillibilité, personne ne serait content de sa place.* Mais la réponse est simple :

Ou les mécontens ont raison, ou ils ont tort.

S'ils ont raison, le pouvoir aura manqué à sa mission et devra changer de direction; car il n'aura plus l'ACCLAMATION des inférieurs, condition *essentielle* de sa LÉGITIMITÉ.

S'ils ont tort, ils sont exigeans, injustes, il faut les AMÉLIORER; il faut leur *enseigner* que l'homme qui cherche à obtenir plus qu'il ne mérite est un usurpateur, qu'il opprime et exploite son semblable. Il faut leur donner les moyens de *pratiquer* cette loi divine, qu'aucune conscience humaine ne saurait dénier : à chacun suivant sa capacité, à chaque capacité suivant ses œuvres !

Si l'*injustice* était la loi unique de l'humanité, comment se seraient fondées toutes les hiérarchies ? la hiérargie catholique, la hiérarchie féodale, la hiérarchie militaire, la hiérarchie des administrations? Et pourtant avec des moyens d'ordre tout-à-fait despotiques ces pouvoirs se sont développés et se maintiennent! Et la hiérarchie des RICHES et des PAUVRES! par quelle providence se maintient-elle, si ce n'est pas le respect des droits d'autrui et le sentiment du devoir, vertus natives de l'humanité? Encore une fois, ne regardons pas notre humanité de si mauvais œil; ne prenons pas les travers d'une époque de désordre pour les lois invariables de la nature humaine; ne prenons pas NOTRE HORIZON *pour les bornes du monde.*

INDÉPENDANCE PERSONNELLE.

Vous affirmez que personne ne voudra engager *son indépendance* dans une société comme la nôtre. Mais voyons donc ce qu'il faut entendre par *indépendance personnelle.*

Jusqu'ici les sociétés humaines nous présentent les hommes liés les uns aux autres, la *volonté* du faible ENCHAINÉE à celle du fort par la conquête, la force brutale, les priviléges. Aujourd'hui seulement, et par SAINT-SIMON, la LIBERTÉ SOCIALE sera donnée à TOUS;

car les hommes vont commander et obéir par droit de capacité. Ces hommes prétendus *libres* qui ne veulent point, disent-ils, engager leur indépendance, dépendent en général de tout le monde. L'homme en société est et doit être toujours soumis à une direction. Bien orgueilleux et bien aveugles ceux qui s'imaginent n'obéir à personne! Il nous faut des patrons et des chefs; désirons les bons et sages, et ne nous croyons *libres* qu'autant que nous *aimerons* et que nous serons *aimés*. Parler autrement, c'est nier toute l'histoire, c'est nier l'humanité. Prenons-y-garde, *chacun* de nous apporte, il est vrai, à la société le tribut de toutes ses facultés; mais *seul* il ne serait rien. Nous ne sommes quelque chose que par l'*association humaine* qui travaille avec nous et pour nous dans tous les siècles et sur toute la terre. Au milieu de tous les biens dont nous *jouissons*, qu'avons-nous fait par nos propres forces? une goutte d'eau dans l'Océan. Eh! craignons plutôt de nous abimer dans les torrens d'amour dont la *charité humaine* nous inonde, dans les flots de lumière que la *science humaine* verse autour de nous, dans des monceaux de richesses que l'*activité humaine* accumule pour nous; craignons de nous trouver indignes de tant de bienfaits et bien pauvres acteurs dans une si grande œuvre!

PÈRE CAPABLE DONT LE FILS EST INCAPABLE.

Il est plus que certain qu'un méchant père est un méchant homme; mais un méchant père n'est pas celui qui veut que son fils soit classé suivant sa capacité et rétribué selon ses œuvres. Celui-là, au contraire, est un père plus moral et plus éclairé que ceux qui s'épuisent de travail pour engendrer des *oisifs*. Le père qui travaille veut ordinairement pour son fils le travail auquel il doit son honneur et son bonheur. Dans la famille Saint-Simonienne, chacun de tous les enfans recevra l'ÉDUCATION proportionnée à ses facultés, la FONCTION qu'il sera *capable* de remplir, la RETRAITE qu'il aura *méritée* par ses œuvres. Nous avons déjà dit comment il fallait entendre les professions abjectes; nous avons déjà dit que, dans la doctrine d'*amélioration* et de *progrès*, nul ne pouvait venir à nous pour DESCENDRE dans une condition inférieure, que tous s'élevaient MORALEMENT et *intellectuellement*, et que personne ne pourrait se trouver INVOLONTAIREMENT dans une situation moins avantageuse sous le rapport *pécuniaire*. Un père convaincu de la morale Saint-Simonienne l'accepte pour les siens comme pour lui. Un père con-

verti au christianisme était-il *méchant* pour ne plus vouloir laisser
à ses enfans des troupeaux d'esclaves? Les libéraux du 4 août
étaient-ils de méchans hommes, parce qu'ils n'ont plus voulu laisser
des vassaux à leurs fils, et sacrifier les filles aux mâles, les cadets
aux aînés? Les *pères prolétaires*, et ils sont nombreux, et ils ont
beaucoup d'enfans, les pères prolétaires seront-ils donc méchans
pour ne plus vouloir que leurs fils soient condamnés, par le privilége
de quelques-uns, à l'immoralité, à l'ignorance, à la misère? Les
méchans sont les hommes qui se refusent aux progrès; les méchans
sont les égoïstes; nous sommes venus pour les convertir.

ÉGALITÉ DE L'HOMME ET DE LA FEMME.

Jamais nous n'avons prétendu qu'il n'existait pas de DIFFÉRENCE
entre les capacités des deux sexes; mais différence n'est pas *inégalité* :
nous croyons même que l'homme est particulièrement FORT, la
femme particulièrement TENDRE, affectueuse, sympathique, et non
faible. Elle est faible en *Turquie*, où elle est esclave. Là, elle
n'est même pas *une bonne ménagère*, *une bonne mère de famille* :
elle est, nous l'avons dit, un instrument de plaisir, un meuble
du sérail, marchandé et vendu.

De la femme ilote et esclave, le christianisme a fait la *vierge*,
sœur de l'homme, l'*épouse*, bonne ménagère et bonne mère de
famille.

De la *mère de famille*, les Saints-Simoniens veulent faire la
PRÊTRESSE, mère de la famille humaine : d'une influence captée
ou usurpée, nous voulons faire une autorité reconnue et acceptée;
de la femme en puissance de mari, nous voulons faire l'épouse égale
de l'époux dans le temple, dans l'État et dans la famille; de la
vierge *marchandée* pour la dot qu'elle apporte, ou *prostituée* pour
la dot qu'elle reçoit, nous voulons faire la vierge recherchée
pour sa BONTÉ, sa *sagesse*, sa *beauté*, MARIÉE à l'homme de son
choix; tous les deux DOTÉS, à titre égal, par une *rétribution sociale*.

AMOUR-PROPRE, AMOUR DES SIENS, AMOUR DE LA PROPRIÉTÉ.

Nous n'avons point méconnu dans l'homme l'*amour-propre*,
l'*amour des siens*, l'*amour de la propriété* : seulement nous pen-
sons que l'amour-propre tout seul n'est point moral; que l'amour

exclusif des *siens* ne l'est pas davantage; que la faculté morale par excellence c'est l'amour de l'humanité, harmonisé avec l'amour-propre et l'amour des siens. L'amour des siens et l'amour du prochain sont soumis à la loi du *progrès*. Pour nous, Saint-Simoniens, tous les hommes sont NÔTRES, et nous aimons et nous traitons notre prochain comme nous voulons être aimés et traités; c'est-à-dire, selon le *mérite* et les *œuvres*.

Quant à la *propriété*, tant qu'on ne l'aime que pour sa propre utilité, pour son bonheur individuel, elle ne donne pas lieu à ce que nous appelons précisément un *sentiment moral*. L'amour de la *propriété* ne devient un *sentiment moral* que lorsqu'il est harmonisé avec l'amour de la société.

Le sentiment de la propriété est inhérent à tous les hommes; voilà pourquoi nous ne voulons plus de *pauvres* ni de *prolétaires*; voilà pourquoi nous voulons donner à tous une *propriété* et un *héritage*; voilà pourquoi DIEU VEUT que chacun *soit rétribué* SELON SES ŒUVRES. Le sentiment de la propriété, pour être *légitime*, doit être social; voilà pourquoi nous voulons que toute propriété s'ACQUIÈRE par le *travail* et se TRANSMETTE à celui qui aura été jugé digne de la *conserver* et de l'*augmenter* au bénéfice de tous.

DÉTAILS DE RÉALISATION.

Nous avons donné et nous donnons tous les jours des détails sur les principales questions de l'organisation de notre société. Pour le moment, nous ne voulons pas, nous ne pouvons pas donner ce qu'on appelle si vulgairement et si mal à propos nos moyens d'application; c'est-à-dire, LE PLAN MODÈLE d'une ville ou d'un village, le PANORAMA *détaillé* de l'*association universelle*. Aux hommes qui s'arrêtent aux petits détails de pratique, nous disons que leur temps n'est pas venu encore. A tous nous montrons que faire *un plan-devis* à l'avance, ce serait se mettre dans la nécessité de torturer le monde extérieur pour le plier à nous, torture qui serait encore inutile et impuissante. Fermes et inébranlables sur la base, *à chacun suivant sa capacité, à chaque capacité suivant ses œuvres*, nous voulons en faire la RÈGLE MORALE de l'humanité; mais nous avons un autre principe encore, c'est celui du PROGRÈS, de la *transformation graduelle*; ce principe nous fait un devoir de tenir compte des *temps*, des *lieux* et des HOMMES.

Harmoniser les sentimens, les idées et les intérêts de chacun avec le but que nous voulons atteindre, voilà toute notre *politique*.

Toutefois, nous ne voulons pas dire que des développemens plus spéciaux ne seront pas donnés, en leur temps, aux préceptes fondamentaux de la loi Saint-Simonienne. C'est là, au contraire, notre tendance actuelle; mais pour faire des réglemens, il faut avoir des hommes à gouverner. Les *apôtres* PRÊCHENT la morale, posent les bases de la société nouvelle; les CODES arrivent, comme développement, à mesure que la conception sociale se *réalise*.

FIN.

STRASBOURG, de l'imprimerie de M.d. V.e SILBERMANN.